Ernst Ferstl

DENKWORTE

Aphorismen

AF188683

FSC
www.fsc.org
MIX
Papier aus ver-
antwortungsvollen
Quellen
Paper from
responsible sources
FSC® C105338

© 2019

Herstellung und Verlag: BoD – Books on
                            Demand, Norderstedt

Copyright Aphorismen: Ernst Ferstl
                            www.gedanken.at

Layout: Angelika Ferstl

ISBN: 9783748173731

Geständnis:

Ich habe 3 MitautorInnen –

das Leben, die Liebe

und den Humor.

＊

Was zwischen

den Zeilen steht,

wird sehr oft überlesen.

＊

Lieber einmal

zu viel nachdenken,

als einmal zu wenig.

＊

Aphoristiker Grundsatz:

Ein Satz genügt.

Alles andere sind Zusätze.

Gedanken lassen sich

noch umdenken,

aber ausgesprochene Worte

nicht mehr ungesagt machen.

❧

Wir sollten auch dazu stehen,

gelegentlich falsch zu liegen.

❧

Die Natur ist ein guter Ort,

um unsere Natürlichkeit

wiederzufinden.

❧

Manche Mitmenschen

sind echt lieb,

am liebsten sind mir

die echten.

Wer den Braten

frühzeitig riecht,

kann den Spieß

noch umdrehen.

Ein Platz im Herzen

eines Menschen

ist ein Platz an der Sonne.

Wer in Bildern denken kann,

kann sich vieles besser

ausmalen.

Ich halte viel von Menschen,

die ihr Wort halten können -

und ggf. auch ihren Mund.

Auf eine dornige Frage

darf man sich keine

rosige Antwort erwarten.

❧

Wer ein paar Hoffnungen

in Reserve hat,

kann eine Enttäuschung

leichter wegstecken.

❧

Will man dazugehören,

muss man mehr tun,

als dabei zu sein.

❧

Was man wissen will,

ist viel interessanter als das,

was man wissen muss.

Der Wald gehört

zu den besten Tankstellen,

wo man seine Batterien

wieder aufladen kann.

❧

Wo der Überfluss

das Sagen hat,

ist die Maßlosigkeit

das Maß aller Dinge.

❧

In jedem Menschen

schlummert irgendwo

ein großer Traum.

❧

Wer Umwege macht,

hat mehr vom Weg.

Leere Gehirne sind leicht

zu durchschauen.

Was wir hören wollen

und was wir nicht hören wollen,

sagt viel über uns aus.

Dass wir wissen,

wohin wir wollen,

ist wichtiger, als dass wir

dort ankommen.

Die glauben,

sich nie zu irren,

täuschen sich ziemlich oft.

Gelassenheit

macht den Geduldsfaden

reißfester.

Für Menschen, die einem

die kalte Schulter zeigen,

kann man sich einfach

nicht erwärmen.

Auch die besten Vorbilder

helfen nichts,

wenn man ihnen

nichts nachmacht.

Die Gewohnheiten mancher Leute

sind äußerst gewöhnungsbedürftig.

Wer immer Nachsicht üben will,

muss damit rechnen, des Öfteren

das Nachsehen zu haben.

❧

Sterne können uns leuchten,

aber sie können uns nicht

wärmen.

❧

Ist man zufrieden,

sollte man

nicht noch zufriedener

werden wollen.

❧

Wer immer kühlen Kopf bewahrt,

bekommt nur ganz selten

kalte Füße.

Manche Zeitgenossen

müssen immer etwas tun,

weil sie sonst nicht wüssten,

was sie sonst tun sollten.

❧

Die Dummheit hat

keine fix Angestellten,

aber jede Menge

freie Mitarbeiter.

❧

Die mitdenken, sollten

wir auch mitreden lassen.

❧

Zu unserem Glück

sind nicht alle Menschen

wie die meisten.

Das Herzstück einer guten
Beziehung ist und bleibt
das gegenseitige Vertrauen.

❧

Will man etwas durchsetzen,
muss man auch bereit sein,
einiges durchzustehen.

❧

Was manche Leute
verschweigen –
das spricht Bände.

❧

Dass man sich manchmal
nicht einmal selbst verstehen kann,
versteht sich von selbst.

Baumweisheit:

Jahresringe entstehen nicht

von heute auf morgen.

❦

Wenn in einer Beziehung

alles passt, passt man

auch aufeinander auf.

❦

Schadet uns zu viel Vertrauen

weniger

als zu viel Misstrauen?

❦

Die Ecken eines Menschen

runden

seine Persönlichkeit ab.

Der Humor mancher Leute

ist ein schlechter Witz.

❧

Wer mit gutem Beispiel

vorangeht, darf nicht erwarten,

dass ihm jemand folgt.

❧

Schenkt man einander

kein Vertrauen,

ist die Freundschaft

nicht viel wert.

❧

Hinter den Kulissen werden meist

ganz andere Stücke gespielt

als auf der Bühne.

Was man sich selbst

schuldig bleibt,

braucht man wenigstens

nicht zurückzahlen.

❧

Der Maßlosigkeit mancher Leute

liegt ein falsches Maß zugrunde.

❧

Die Geschenke der Natur

werden oft übersehen,

weil sie nicht verpackt sind.

❧

Was auf der Hand liegt,

brauchen wir uns nicht mehr

durch den Kopf gehen lassen.

Die das Ruder

übernehmen wollen,

wollen gar nicht rudern.

❧

Wer den Nerv des Zeitgeistes

trifft,

braucht gute Nerven.

❧

Es ist schwer,

ein Wörtchen mitzureden,

wenn man nicht zu Wort kommt.

❧

Manche Leute haben nur deswegen

einen guten Ruf, weil sie nie

etwas von sich hören lassen.

Liebende sollten einander

nicht nur beschützen,

sondern auch beflügeln.

❧

Gemischte Gefühle sind mehr

eine Frage des Denkens

als des Fühlens.

❧

Die uns nicht verstehen,

verstehen uns

wenigstens nicht falsch.

❧

Es gibt Leute,

die reden immer zu viel -

und es gibt Leute,

die hören immer zu viel.

Im Umgang mit manchen Leuten

verwendet man am besten

eine Art Umgehungssprache.

＊

Das Leben besteht

aus Augenblicken

und kleinen Ewigkeiten.

＊

Wort halten

heißt gelegentlich auch:

Mund halten.

＊

Kein Tag ist zu kurz,

dass er sich nicht in die Länge

ziehen könnte.

Vorurteile kürzen

das Denken ab.

Nicht jedes Kennenlernen

führt zu einem Näherkommen.

Manche Menschen wollen

gar keine bessere Welt,

weil sie Angst haben,

dass es ihnen dann

schlechter gehen würde.

Wer immer auf Nummer sicher

gehen will,

darf sie nie gehen lassen.

Wer etwas

durch die Blume sagen kann,

braucht kein Blatt

vor den Mund nehmen.

❧

Einschränkung:

Wir können nicht alles tun,

was wir tun könnten.

❧

Die wenig denken,

haben viel Zeit

zum Reden.

❧

Wer ins Schwimmen kommt,

geht wenigstens nicht unter.

Aufschneider fürchten nichts mehr
als einen messerscharfen Verstand.

❧

Manchmal verdanken wir
gerade unseren Schwächen
wichtige Erfahrungen.

❧

Von einem Ja
versprechen wir uns oft
zu viel.

❧

Wer nach der Wahrheit
sucht,
wird viele Widersprüche
finden.

Wächst uns etwas

über den Kopf,

leiden wir darunter.

❧

Treffende Worte sollen treffen,

nicht verletzen.

❧

Würde man über alle Dummheiten

den Kopf schütteln,

bestünde die Gefahr

eines Schleudertraumas.

❧

Vorsichtige Menschen

denken länger nach.

Glück macht stark.

Unglück klopft weich.

♥

Was uns beeindruckt,

verlangt nach Ausdruck.

♥

Scheinheilige brauchen

einen Heiligenschein,

weil sie sonst sehen müssten,

dass sie unterbelichtet sind.

♥

Wer denken kann,

kann sich viele Denkzettel

ersparen.

Menschen lieb gewinnen

zählt zu den Hauptgewinnen

im Leben.

☙

Wird man um eine Erfahrung reicher,

hat man sie nicht umsonst

gemacht.

☙

Nimmt man manche Zeitgenossen

unter die Lupe, sieht man sofort

ihre Kleinkariertheit.

☙

Von der Schönheit kann man nicht

herunterbeißen,

aber Appetit anregend

ist sie allemal.

Mitmenschen,

die oft zu weit gehen,

sollte man

den Laufpass geben.

♥

Wer Ruhe gefunden hat,

sollte sie nicht sofort

wieder zurückgeben.

♥

Wer extrem freundlich ist,

hat normalerweise

Hintergedanken.

♥

Negative Gedanken

sind die schlechtesten Freunde,

die man sich aussuchen kann.

Redselige Menschen

sind selig,

wenn man ihnen zuhört.

❦

Was wir

nicht ertragen können,

drückt uns nieder.

❦

Wenn unser Leben

einem Hürdenlauf gleicht,

sollten wir uns unbedingt Zeit

für einen Ausgleichssport nehmen.

❦

Könner und Nichtkönner

können nicht miteinander.

Die Liebe hält

große Stücke

auf kleine

Aufmerksamkeiten.

Wir denken öfter nach

als vor.

Persönlich nehmen

brauchen wir nur,

was uns zu Herzen geht.

Glück, das man

festzuhalten versucht,

hält nicht lange.

Jeder bewusst

gelebte Augenblick

hat Ewigkeitswert.

❦

Manche Leute sind

mit allen Wassern gewaschen,

außer mit Weihwasser.

❦

Der innere Schweinehund

ist ein Gewohnheitstier.

❦

Wer besser

Bescheid weiß,

kann sich Bescheidenheit

leisten.

Selbstschutz:

Wir sind innerlich

viel verwundbarer, als wir

nach außen hin zeigen.

❧

Auch Egoisten

wollen irgendwo

dazugehören.

❧

Die Wahrheit verbindet,

die Lüge trennt.

❧

Auf der Flucht vor Langeweile

verstecken sich viele gerne

hinter kurzweiligen

Vergnügungen.

Gibt man

einer Versuchung nach,

bleibt es oft nicht

beim Versuch.

❧

Das Geschenk Zufriedenheit

kann man sich

nur selber machen.

❧

Der Wert des Selbstverständlichen

wird meistens unterbewertet.

❧

Wenn man allen Menschen

entgegenkommen will,

kommt man zu nichts.

Wer Ruhe finden will,

muss auch Ruhe

geben können.

🕊

Der Unterschied

zwischen Zeit haben

und keine Zeit haben

ist keine Zeitfrage.

🕊

Was uns am Herzen liegt,

hat sich bereits

durchgesetzt.

🕊

Man liegt nie falsch,

wenn man zu dem steht,

was einem am Herzen liegt.

Würde sich der

gesunde Menschenverstand

immer durchsetzen,

käme die Dummheit

nie auf ihre Kosten.

❧

Was manche Leute von sich geben,

sollte man ihnen sofort

wieder zurückgeben.

❧

Wer dankbar ist,

hat mehr zu feiern.

❧

Die Jagd nach dem Glück

macht mehr Menschen unglücklich

als glücklich.

Für die, die von gestern sind,

ist alles Neue eine Bedrohung.

Telefonieren hat den Vorteil,

dass man die Rechtschreibfehler

nicht merkt.

Benutzt man seinen Kopf,

bleibt es nicht aus,

dass man ihn gelegentlich

hinhalten muss

für das Gedachte und die Folgen.

Scheitern gehört zu unserem Leben.

Wenn wir daraus lernen, werden wir

besser und stärker.

Wer Halbwahrheiten sät,

wird Lügen ernten.

❧

Manchmal bringt uns

erst ein Umweg

auf den richtigen Weg.

❧

Berechnende Menschen rechnen

meist gar nicht damit,

dass ihnen der Zufall

einen Strich durch die Rechnung

machen könnte.

❧

Verwelkt der Sinn,

blüht der Unsinn auf.

Die Lieblingsrechenart

berechnender Menschen

ist das Abrechnen.

Es gibt keine

einsamen Menschen mehr:

Man hat ja zumindest

ein Handy.

Wer auf berechnende Menschen

zählt, zahlt gelegentlich drauf.

Wer sagt,

was man hören will,

rennt offene Ohren ein.

Es gibt genug Experten

für alles Mögliche und Unmögliche,

aber zu wenige für das Wesentliche.

❧

Wer weniger braucht,

dem fehlt weniger.

❧

Meiner Meinung nach

muss man nicht zu allem

eine Meinung haben.

❧

Wir beschützen unseren Körper.

Warum nicht auch

unser Herz

und unseren Verstand?

Wer sich zu viele

Gedanken macht,

hat zu wenig Verstand.

❧

Manche wollen nur bleiben,

wie sie sind, weil sie

nicht älter werden wollen.

❧

Wir müssen nicht alles lieben,

was wir schätzen,

aber wir sollten alles schätzen,

was wir lieben.

❧

Auf dem Weg bleiben

ist auch ein wichtiges Ziel.

Verlierst du den Schlüssel

zum Herzen

eines geliebten Menschen,

kann dir kein Schlüsseldienst helfen.

❦

Wer bis zum Kern vordringen will,

braucht Durchschlagskraft.

❦

Hat man den richtigen Partner

fürs Leben gefunden,

kann man nicht mehr viel

falsch machen.

❦

Ein glückliches Leben

ist mehr als die Summe

aller glücklichen Augenblicke.

Zur Gelassenheit zählt auch,

dass man gelegentlich

ausgelassen sein kann.

❧

Wer ein Luftschloss bauen will,

sollte nicht auf eine

Baugenehmigung warten.

❧

Das Unglück kann man,

wenn man Pech hat,

herbeireden. Beim Glück

ist das nahezu unmöglich.

❧

Die Sonne weiß gar nichts davon,

dass sie jeden Tag auf-

und untergehen muss.

Wenn man darunter leidet,

spricht man nicht gerne

darüber.

❧

Für Negativdenker besteht

eine Tasse aus Scherben.

❧

Was zwischen

den Zeilen steht,

geht über die Sprache

hinaus.

❧

Selbst in ein kleines Hirn

passen

viele Gedankenlosigkeiten.

Wer den Bogen raus hat,

kann die Pfeile

stecken lassen.

Die Vorlieben eines Menschen

sind sein Himmelreich.

Wer alles

positiv sehen will,

muss oft mehr als

beide Augen zudrücken.

Eine beliebte Sichtweise

unbeliebter Zeitgenossen:

von oben herab.

Wenn man hört,

was manche Leute

unter Humor verstehen,

vergeht einem das Lachen.

❧

Man tut alles Mögliche,

um gewisse Sachen

nicht tun zu müssen.

❧

Ist das Schweigen nichtssagend,

braucht man nicht

darüber reden.

❧

Es gibt mehr lebende Menschen

als lebendige.

Wer nicht sucht,

muss sich mit dem abfinden,

was ihn findet.

❧

Ist die Liebe nicht

alltagstauglich,

taugt sie nicht viel.

❧

Die Leichtigkeit des Seins

sollte nicht übergewichtig sein.

❧

Wenn jemand

mit deinen Gefühlen

spielen will:

Spiel einfach nicht mit!

Das Gewissen lässt uns nie

im Ungewissen.

❧

Leere Versprechen sind oft

außergewöhnlich schön

verpackt.

❧

Wer sich nie aus der Reserve

locken lässt,

hat wahrscheinlich gar keine.

❧

Liebe auf den ersten Blick

kann schnell ins Auge gehen,

wenn es nur ein Liebäugeln ist.

Man kann sich seine Sorgen

nicht sorgfältig genug

aussuchen.

❧

Geht in einer Beziehung

der rote Faden verloren,

wird aus einer Verbindung

eine Verstrickung.

❧

Das Herz hat eine gute Nase

für gefühlvolle Menschen.

❧

Genießt man den Augenblick,

hat man alle Zeit der Welt.

Wer viel vorhat,

hat keine Zeit,

sich etwas vorzumachen.

❧

Manche Erfolge

kommen einer Niederlage

gefährlich nahe.

❧

Menschen

mit denselben Schwächen

sind uns irgendwie sympathisch.

❧

Wer zu sich selber

kommen will,

darf sich nicht gehen lassen.

In unserem Leben

ist auch das Bleibende

vergänglich.

❧

Bäume gehören

zu den schönsten Geschenken

der Natur.

❧

Die keine Rücksicht

auf andere nehmen,

dürfen sich nicht wundern,

wenn ihnen jemand

in den Rücken fällt.

❧

Schönheit hat immer auch

etwas Spielerisches an sich.

Das Glück

ist freudefreundlich.

Echte Liebe spielt

keine Spielchen.

Auch kleinkarierte Menschen

haben ein Großhirn.

Die Welt ist leider

nicht groß genug,

um allen Dummköpfen

ausweichen zu können.

Man muss gar nicht stark sein,

um seinen Schwächen

treu zu bleiben.

❧

Ein offenes Herz braucht

einen besonderen Schutz.

❧

Der Glaube kann Berge versetzen,

die Hoffnung ganze Landschaften,

die Liebe sogar Kontinente.

❧

Wer immer klein beigibt,

kommt nie groß heraus.

Nicht alles,

was in Erfüllung geht,

erfüllt uns mit Freude.

Wenn man sich oft

den Kopf zerbricht,

verliert man ihn irgendwann.

Das Meer der Gleichgültigkeit

hat immer Ebbe.

Auch bei

den besten Antworten

bleiben immer noch

Fragen offen.

Manche Mitmenschen

wollen uns nur ändern,

weil sie nicht wollen,

dass wir anders sind.

❧

Kunst, die nichts

zum Ausdruck bringt,

ist keine.

❧

Das Leben ist fair:

Entweder du schaffst es –

oder es schafft dich.

❧

Nur selbstbewusste Menschen

können sich eine

eigene Meinung leisten.

Die sich ständig

zum Affen machen,

ersparen uns wenigstens

einige Zoobesuche.

❧

Wer die Dinge von einer

höheren Warte aus sehen will,

muss sich in sie vertiefen.

❧

Wer warten kann,

hat mehr von der Vorfreude.

❧

Um sich selbst ertragen zu können,

muss man gelegentlich

ganz schön stark sein.

Denen, die uns

nichts zu sagen haben,

brauchen wir wenigstens

nicht widersprechen.

❧

Es ist wichtig,

dafür gerade zu stehen,

sich nicht verbiegen zu lassen.

❧

Manche Leute sind

viel leichter zu ertragen,

wenn man sie

auf den Arm nimmt.

❧

Ein alter, aber guter Wegweiser:

Alles mit Maß und Ziel.

Verachtung ist eine Art

negative Wertschätzung.

Eine Antwort,

die alles in Frage stellt,

hilft nicht weiter.

Wenn man immer

zu sich steht,

steht man für andere

gelegentlich im Abseits.

Die Medizin kann heutzutage

beim Menschen vieles ausbessern –

nur beim Dachschaden

versagt sie kläglich.

Dankbarkeit

ist der Königsweg

zur Zufriedenheit.

❦

Was lächerlich ist,

ist nicht zum Lachen.

❦

Manche Beziehungen

gehen baden, weil bereits

bei kleinen Schwierigkeiten

das Handtuch geworfen wird.

❦

Wir können nicht

aus unserer Haut,

aber wir können

über uns hinauswachsen.

Wer ausgeglichen ist,

muss sich nicht überall

angleichen.

●

Manchen Menschen

nimmt man nicht ab,

was sie sagen, weil sie sich

zu wichtig nehmen.

●

Wer sich leicht überschätzt,

tut sich schwer im Maßhalten.

●

Gute Gedanken

sind aufbauende Kräfte.

Zu Menschen, denen man

nicht über den Weg traut,

kann man keine Brücke bauen.

❧

Unsere Gewohnheiten

sind von gestern.

❧

Ein offenes Geheimnis

braucht man nicht

an die große Glocke hängen.

❧

Die meisten Menschen

bringt man leichter

zum Reden

als zum Schweigen.

Wertschätzung kann

Mehrwertgefühle auslösen.

>

Wer das Gutsein

reizend findet,

reizt das Böse.

>

Je mehr man nachdenkt,

desto mehr gibt einem

zu denken.

>

Manche Leute kommen

nicht zum Denken,

sehr wohl aber

auf viele dumme Gedanken.

Eine Stunde unseres Lebens

hat 60 Minuten. Genauer gesagt:

60 wertvolle und kostbare Minuten.

❧

Ich kenne meine Grenzen

gar nicht so genau,

ich bin meistens

im Landesinneren unterwegs.

❧

Glück kann auch sein,

dass man ohne ein blaues

Auge davonkommt.

❧

Jeder Friedhofsbesuch

erinnert uns

an unsere Zukunft.

Manchmal muss man sich

auch etwas sagen lassen,

was man gar nicht hören will.

❧

Wenn uns etwas heilig ist,

steht es unter unserem

besonderen Schutz.

❧

Dass wir manchmal falsch liegen,

heißt noch nicht,

dass etwas falsch läuft

in unserem Leben.

❧

Auch was außer Frage steht,

sollte man von Zeit zu Zeit

hinterfragen.

Zufriedenheit ist nicht etwas,

das mit der Post

zugestellt wird.

❧

Im Gedankengut mancher Leute

findet man leider

keine guten Gedanken.

❧

Dummköpfe würden

die Geistreichen am liebsten

sofort enteignen.

❧

Wenn die Einstellung stimmt,

kann man sich auch

großen Problemen stellen.

Großherzigen Menschen liegen

auch die Kleinigkeiten des Lebens

am Herzen.

🕊

Wer die Zukunft im Auge hat,

sollte bereits heute

nach ihr Ausschau halten.

🕊

Ist die Erwartungshaltung zu groß,

ist es nur eine Frage der Zeit,

bis man klein beigeben muss.

🕊

Weil jeder siegen will,

gibt es viel mehr Verlierer

als Gewinner.

Manches tut man nur,

um es hinter sich zu haben.

❧

Durchschnittlichen Denkern

sind tiefe Gedanken

viel zu hoch.

❧

Vordenker

müssen besonders viel

nachdenken.

❧

Manche Mitmenschen

machen uns oft etwas vor,

aber wir kommen

nicht immer dahinter.

Was man selbst herausfindet,

merkt man sich besser

und länger.

♥

Wer sich gehen lässt,

weil alles gut läuft,

begeht einen Fehler.

♥

Wenn man Zeit hat,

in sich zu gehen,

sollte man sich das

nicht entgehen lassen.

♥

Zu unserem Dasein

gehört auch das Alleinsein.

Dass wir uns ernst nehmen,

ist wichtig.

Dass wir uns wichtig nehmen,

nicht.

❧

Wer den anderen

einen Schritt voraus ist,

muss mit vielen Verfolgern

rechnen.

❧

Dem Herzen folgen –

das ist immer ein guter Weg.

❧

Im Umgang mit Menschen,

die keine Rücksicht kennen,

ist Vorsicht oberstes Gebot.

Findet man in einer Beziehung

keinen gemeinsamen Nenner,

geht sie irgendwann in Brüche.

❧

Auch verständnisvolle Menschen

können nicht alles verstehen.

❧

Überflieger sind

überdurchschnittlich oft

in Absturzgefahr.

❧

Wer das Denken

anderen überlässt,

kann sich das Denken

schenken.

Gelegentlich hat man das Gefühl,

dass Gefühle

nicht erwünscht sind.

❧

Das Gewissen meint es

immer gut mit uns –

auch wenn wir zeitweise

ein schlechtes haben.

❧

Die Stille

öffnet uns die Ohren

für die innere Stimme.

❧

Eine ehrliche Haut

ohne dickes Fell

ist ein armer Hund.

Geht etwas daneben,

denkt man sich manchmal,

dass man sich das

hätte denken können.

❧

Der richtige Weg:

aufrichtig sein.

❧

Wer nur aufs Geld schaut,

lebt in einer Scheinwelt.

❧

Kommt man in Fahrt,

sollte man bereits wissen,

wohin die Reise geht.

Wer sein Leben gestalten will,

muss Leben ins Leben bringen.

🍃

Gerade in Zeiten, in denen

das Leben nicht lustig ist,

ist Humor unbezahlbar.

🍃

Es ist nicht so wichtig,

wie weit wir kommen,

solange wir das Gefühl haben,

dass etwas weitergeht.

🍃

Herzlichkeit ist die Krone

der Menschlichkeit.

Die Stille vereint

Leere und Fülle.

❧

Wer sich überschätzt,

ist schnell

unten durch.

❧

Die Langeweile

hat es nie eilig.

❧

Von Menschen,

die immer und überall

die Nase vorn haben müssen,

hat man schnell

die Nase voll.

Ein treffendes und richtiges Wort

sagt wenig, wenn es nicht

die Richtigen trifft.

❧

Menschen mit einem Heiligenschein

halten ihre Beleuchtung

für eine Erleuchtung.

❧

Nachtragende Zeitgenossen

haben große Probleme damit,

wenn ihnen etwas

vorgeworfen wird.

❧

Wenn es einem gut geht,

kann man leichter aus allem

das Beste machen.

Geht einem etwas nahe,

ist es zu spät,

das Weite zu suchen.

❧

Geschenktes Vertrauen

sollten wir den Gebern

immer hoch anrechnen.

❧

Wir wissen immer mehr,

was wir eigentlich

gar nicht wissen wollen.

❧

Die Gefahr, dass wir

zu tolerant werden,

hält sich in Grenzen.

Die Macht der Gewohnheit

liebt die Macht des Gewöhnlichen.

❧

Wer keine Feinde hat,

sollte sich seine Freunde

genauer ansehen.

❧

Vorsichtige Menschen

lassen immer

eine Hintertür offen.

❧

Aus einem Traum kann sehr schnell

ein Alptraum werden,

umgekehrt geht es viel

viel langsamer.

Wer nie über sich hinauswächst,

bleibt meistens

unter seinen Möglichkeiten.

❧

Es ist ein schönes und gutes Gefühl,

wenn man merkt, dass sich andere

in unserer Nähe wohlfühlen.

❧

Wenn eine Beziehung auf Dauer

mehr Probleme schafft als löst,

ist es Zeit, sie zu lösen.

❧

Wer im siebten Himmel sein will,

sollte keine Höhenangst haben.

Vorsicht:

Die uns abblitzen lassen,

lassen uns auch

im Regen stehen.

❧

Tiefsinn hat das Problem,

dass er sich nur schwer

ausbreiten kann.

❧

Unser Herz sollten wir hüten

wie unseren Augapfel.

❧

Wenn das richtige Wort

aus dem richtigen Mund kommt,

tut das richtig gut.

Freiheit macht nicht frei

von der Verantwortung,

wie man mit ihr umgeht.

&

Wer schlechte Zeiten kennt,

weiß die guten

besser einzuschätzen.

&

Die zufällige Begegnung

mit manchen Leuten

ist vor allem ein Humortest.

&

Menschen,

die mit sich reden lassen,

hört man gerne zu.

Gedanken lassen sich

leichter vergleichen

als Gefühle.

Vertrauen gedeiht

nur auf gutem Grund.

Das Wesentliche

wird oft

zu wenig

wichtig genommen.

Das Beste

an manchen Zielen

ist der Weg dorthin.

Geborgenheit ist

ein Geschenk der Liebe.

❦

Ich bin dankbar für alles,

was ich bisher erleben durfte -

und auch dankbar für alles,

was ich bisher

nicht erleben musste.

❦

Wo es an Menschlichkeit fehlt,

kann die Nächstenliebe

nicht wachsen.

❦

Umdenken ist nicht so leicht

wie man denkt.

Wer wenig tut,

bleibt viel schuldig.

＊

Wird das Mittelmaß

zum Maß aller Dinge,

ist das Maß nie voll.

＊

Den Sinn des Lebens

findet man leichter,

wenn man mit allen Sinnen

danach sucht.

＊

Oberflächlichkeit

äußert sich in erster Linie

in der fehlenden Tiefe.

Der Zugang zu uns selbst

beginnt am Tor zur Stille.

❧

Wir sollten den inneren

Schweinehund nicht tierisch

ernst nehmen, er hält sich

gelegentlich für eine heilige Kuh.

❧

Einfühlungsvermögen

ist eine der wertvollsten Formen

von Reichtum.

❧

Ziele geben uns Vorfreude

mit auf den Weg.

Nur wer immer zu sich steht,

kann sich auf Dauer

durchsetzen.

❧

Wir leben alle auf einer Erde

und doch lebt jeder Mensch

in seiner eigenen Welt.

❧

Was uns fordert und fördert,

das formt uns auch.

❧

Steckt man seine Ziele zu weit,

verliert man sie irgendwann

aus den Augen.

Das schlechte Gewissen

hat ein sehr gutes Gedächtnis.

Enttäuschungen

sind die Schlaglöcher

auf der Straße des Lebens.

Wer sich einmal

die Zunge verbrannt hat,

redet lieber

um den heißen Brei herum.

Wer mit allen Wassern

gewaschen ist,

lässt nichts anbrennen.

Lebensfreude

ist der beste Dank

fürs Geschenk Leben.

❧

Dumme und gescheite Menschen

haben etwas gemeinsam:

Sie geben uns zu denken.

❧

Unhaltbare Zustände

halten oft

besonders lang und fest.

❧

Sehnsucht

lässt der Fantasie

freien Lauf.

Bei gemischten Gefühlen
mischt sich der Verstand
zu stark ein.

❧

Ein Echo hat
keine eigene Meinung.

❧

Denken vergrößert
die Gedankenwelt.

❧

Macht uns
jemand etwas vor,
steckt bestimmt etwas
dahinter.

Man kann sich das Leben

auch durch Leichtsinnigkeiten

schwer machen.

🕊

Denk doch positiv!

Du kannst nicht alles

falsch machen!

🕊

Enkelkinder halten einen jung,

auch wenn sie einen zeitweise

alt aussehen lassen.

🕊

Die Wahrheit hat es nicht leicht,

sie ist von Lügen

und Halbwahrheiten umstellt.

Will man ehrlich bleiben,

braucht man gelegentlich

gute Ausreden.

🕊

Man macht sich

mehr Gedanken,

als man denkt.

🕊

In jedem Kopf

ist eine andere Welt.

🕊

Die meisten Stolpersteine

legt man sich selbst

in den Weg.

Wenn man nichts zu sagen hat,

kann man ja über etwas anderes

reden.

🐦

Bessert man seine Fehler aus,

wird man immer besser.

🐦

Kommt man dahinter,

dass man sich

etwas vorgemacht hat,

sollte man darüber nachdenken.

🐦

Vielfalt lässt sich nicht

kopieren.

Sinnliche Menschen

haben einen eigenen Sinn

für Schönheit.

❧

Was wir verschenkt haben,

kann uns niemand

mehr nehmen.

❧

Je mehr geredet wird,

desto weniger wird zugehört.

❧

Schwarze Löcher gibt es

nicht nur im Weltall,

sondern auch in

den menschlichen Gehirnen.

Problembeladene Menschen

haben oft Probleme mit ihrem

Problembewusstsein.

❧

Siebengescheite und Neunmalkluge

kommen viel zu schnell

vom Hundertsten ins Tausendste.

❧

Wenn man alles

im Leben verstehen könnte,

wäre es nicht mehr zauberhaft.

❧

Eine Halbwahrheit

ist wie ein halber Baum

oder eine halbe Blume.

Unzufriedenheit

erspart

Dankbarkeit.

❧

Es ist uns nicht immer recht,

wenn uns recht geschieht.

❧

Es ist nicht leicht,

mit dem,

was uns fertig macht,

fertig zu werden.

❧

Komisch:

Es gibt mehr traurige

Wahrheiten als lustige.

Entscheidungsfrage:

Leben wir lieber eingegrenzt

oder lieber ausgegrenzt?

❧

Wir müssen damit rechnen,

dass andere mit uns rechnen.

Aber ob sie auf uns zählen

dürfen, das ist ganz allein

unsere Entscheidung.

❧

Verantwortung sollte

im Leben jedes Menschen

eine tragende Rolle spielen.

❧

Erfüllte Wünsche sind nur

ein Teil eines erfüllten Lebens.

Sensibel zu sein

ist keine Schwäche,

sondern eine kostbare Stärke.

❧

Neben der Liebe

auf den ersten Blick,

gibt es auch eine Feindesliebe

auf den ersten Blick.

❧

Wem es immer nur

ums Gewinnen geht,

ist oft ein Spielverderber.

❧

Tiefe Gedanken sind sinnlos,

wenn sie nicht

an die Oberfläche kommen.

Wir können unsere Mitmenschen

nicht besser verstehen

als uns selbst.

♥

Manches gewinnt erst

an Bedeutung, wenn man

Abstand gewonnen hat.

♥

Die Dummheit lässt sich nicht

für dumm verkaufen,

dazu ist sie viel zu gut

im Rechnen.

♥

Wer seine Beherrschung verliert,

verliert seine Menschlichkeit.

Was manche Leute erzählen,

stimmt vorn und hinten

nicht zusammen, aber es

passt irgendwie zu ihnen.

❧

Manchmal fängt etwas gut an,

bis man anfängt,

darüber nachzudenken.

❧

Ist uns die Wahrheit zu teuer,

greifen wir gerne

zu billigen Ausreden.

❧

Das sicherste Versteck

für kritische Gedanken

ist zwischen den Zeilen.

Mit Geschenken

kann man sich Freunde machen,

aber auch Abhängige.

❧

Auch Gedankenwege

können steil, steinig

und gefährlich sein.

❧

Wir sollten unseren Ehrgeiz

nie verlieren, auch wenn wir

wissen, dass es immer mehr

Verlierer als Sieger geben wird.

❧

Denken kann

die Welt vergrößern.

Was wir entdecken,

brauchen wir nicht erfinden.

❦

Bevor man etwas sehr Wichtiges

auf die lange Bank schiebt,

sollte man daran denken,

dass das Leben ziemlich kurz ist.

❦

Wer mit seiner Zeit

gut umgehen kann,

kann sich zeitweise

mehr Zeit lassen.

❦

Bei manchen Leuten

kann man sich

gar keinen guten Ruf leisten.

Es ist leichter,

anderen etwas vorzuspielen

als sich selber.

❦

Menschen, die man

mit der Zeit liebgewonnen hat,

möchte man niemals verlieren.

❦

Einen neuen Weg zu gehen

heißt nicht automatisch,

die Richtung ändern zu müssen.

❦

Es gibt ganz besondere Augenblicke

im Leben, in denen Vergangenheit,

Gegenwart und Zukunft eins sind.

Jede herzliche Begegnung

baut Brücken.

❧

Wer sich Zeit nimmt,

hat mehr

vom Augenblick.

❧

Auch auf neuen Wegen

entdeckt man Altbekanntes.

❧

Persönliche

Wertschätzung

ist ein großes Geschenk.

Die Welt ist überfüllt

mit leeren Worten.

❧

Das Gewissen spricht

eine einfache

und eindeutige Sprache.

❧

Es gibt nichts Besseres als das,

was uns gut tut.

❧

Menschen, die uns

nichts schuldig sind,

sind uns lieber als jene,

die uns nichts schuldig bleiben.

Wenn etwas

einen Anfang nimmt,

ist es nur eine Frage der Zeit,

bis es sein Ende nimmt.

❧

Wenn ein Wort sitzt,

setzt es sich fest.

❧

Bei kopflosen Menschen geht

jeder Denkanstoß

ins Leere.

❧

Wer nichts Gutes an uns findet,

hat höchstwahrscheinlich

einen schlechten Geschmack.

Wer zu lange überlegt,

unterliegt über kurz

oder lang.

❧

Was man

nicht loslassen kann,

wird man nicht los.

❧

Je mehr Platz wir im Leben

der Liebe einräumen,

desto weniger Platz

hat die Lieblosigkeit.

❧

Auf dem Weg des Lebens

gibt es viele Kreuzungen.

Wer alles durchschaut,

hat nichts mehr

zum Staunen.

❧

Vorsicht:

Verdrängen heißt nicht

verschwinden.

❧

Wenn alles gut läuft,

heißt das nicht,

dass man sich

gehen lassen kann.

❧

Fehlendes Selbstvertrauen

macht anfällig für Lügen.

Vertrauen

ist eine Aufgabe,

Vertrautheit eine Zugabe.

❧

Die Alltäglichkeit hat

auch sonn- und feiertags

geöffnet.

❧

Die wichtigsten

Gymnastikübungen

für Angepasste:

Biegen und Beugen.

❧

Die Gier

ist ein Allesfresser.

Wer in sich ruht,

kommt nicht in Versuchung,

sich gehen zu lassen.

❧

Es gibt viel Halbfertiges,

weil viele mit dem Anfangen

nicht aufhören können.

❧

Sehnsucht

kann süchtig machen.

❧

Wenn Stimmungskanonen

in Fahrt kommen,

schießen sie sehr oft

übers Ziel.

Berechnenden Menschen geht es

nicht um das Erreichen von Zielen,

sondern um die Erfüllung

eines Plansolls.

>

Vieles kommt anders

als man denkt,

außer man denkt anders.

>

Ein weiches Herz

ist ein starkes Zeichen

von Offenheit.

>

Was man nicht in der Hand hat,

bekommt man auch nicht

in den Griff.

Manchen Leuten geht nicht einmal

in der Advent- und Weihnachtszeit

ein Licht auf.

❧

Ein Wegweiser zeigt nicht an,

woher man kommt,

sondern wohin es geht.

❧

Verlängert oder verkürzt

Langeweile

das Leben?

❧

Gute Ratschläge sind wie Salz:

Es kommt auf die Menge an.

Der Ruf, der einem vorauseilt,

ist nur sehr schwer

zu überholen.

♥

Gemischte Gefühle

können das Herz

aus dem Rhythmus bringen.

♥

Um die Grundversorgung mit Sorgen

brauchen wir uns

keine Sorgen machen,

es gibt mehr als genug davon.

♥

Zu einem sinnreichen Leben

gehört auch der Sinn für Humor.

Wer überall

nur das Schlechte sieht,

verdirbt sich seine Augen.

🕊

Manchmal gehen einem

erst die Augen auf, wenn man merkt,

dass man hinters Licht

geführt wurde.

🕊

Die Zeit

kann nur für uns arbeiten,

wenn wir ihr Zeit geben.

🕊

Die Anschaffungsfreude

mancher Leute

macht überhaupt keine Freude.

Die Gier ist maßlos –

sie nimmt alles in Kauf.

Was des Guten zu viel ist,

macht dem Bösen

viel Freude.

Die artgerechte Haltung

des inneren Schweinehundes

ist kein Honiglecken.

Was wir

mit großer Freude tun,

das schaffen wir

spielend.

Zärtlichkeit

ist ein Grundnahrungsmittel

der Sinnlichkeit.

❧

Komisch:

Wer keine Sorgen hat,

macht sich welche.

❧

Ist es ein Fehler,

wenn man einen Fehler

genießt?

❧

Der Gipfel des Glücks

befindet

sich sehr oft

auf Herzenshöhe.

Als Verlierer kann man

eine ganze Menge

an Erfahrung gewinnen.

❧

                Von Menschen,

           denen nur das Beste

                gut genug ist,

        hat man schnell genug.

❧

Was von den einen

verteufelt wird,

wird von anderen

angehimmelt.

❧

Gedankenlose haben immer ein Alibi:

Sie haben sich nichts dabei gedacht.

Wer den Humor

mancher Leute ernst nimmt,

dem vergeht das Lachen.

❧

Wenn unzählige Sterne

am Himmel leuchten,

denkt man gar nicht

an die Sonne.

❧

Das richtige Wort

aus dem richtigen Mund –

das tut richtig gut.

❧

Wer Gefühle zulässt,

braucht ein weites Herz.

Bücher sind wichtig,

weil sie den Gedanken

das Überwintern ermöglichen.

❧

Berechnenden Zeitgenossen

sagen Zahlen

mehr als Worte.

❧

Bei manchen Gedanken

weiß man nie, was sie

einem sagen wollen.

❧

Wer weiß,

wo es langgeht,

kann es kurz machen.

Öffnet uns

etwas die Augen,

schaut und hört man

genauer hin.

❧

Unsere Worte

verraten

unsere Gedanken.

❧

Gehören herzensgute Menschen

unter Artenschutz gestellt?

❧

Was wir nicht

haben können,

kann uns gernhaben.

Die Technik macht

große Fortschritte.

Der Mensch hinkt hinterher.

🦋

Übeltäter vergisst man

nur schwer,

Wohltäter viel zu leicht.

🦋

Herumdenken ist auch

nicht viel gescheiter

als herumreden.

🦋

Es hängt von

unseren Erwartungen ab,

ob uns Erfolge oder Enttäuschungen

erwarten.

Jede Kränkung

ist eine Verletzung

unbestimmten Grades.

Gefühle sind nicht einfach

zu handhaben:

Sie haben

ihre eigene Logik.

Jeder Mensch hat Wüsten

und Oasen in sich.

Kommt uns etwas zugute,

sollten wir es

dankbar annehmen.

Wer nicht sagt,

was zu sagen wäre,

ist ein Versager.

Wer nicht fähig ist,

sein Glück zu begreifen,

hat nichts davon.

Die Zeit der Vorfreude

ist immer

etwas sehr Erfreuliches.

Wer seine Grenzen

in und auswendig kennt,

kennt sicher auch

ein paar Schlupflöcher.

Manche Vergnügungen

sind eigentlich Fluchthelfer.

❧

Leichtsinn hat leicht

schwerwiegende Folgen.

❧

Stellt uns jemand

einen Baum auf,

kann man zeigen,

aus welchem Holz

man geschnitzt ist.

❧

Die Ziele

mancher Menschen

sind nichts anderes

als Absichten.

Der Zug der Zeit

hat nie Verspätung.

>

Was mit einem Mutanfall

beginnt, kann gelegentlich

mit einem Wutanfall enden.

>

Wer weiß,

was gut für ihn ist,

kann leichter

das Beste

daraus machen.

>

Bei unwichtigen Sachen

darf man ruhig

großzügig sein.

Bevor ein Gedanke

ein Aphorismus wird,

muss er zugespitzt werden.

❧

Spielt jemand mit unseren Gefühlen,

sollten wir deutlich sagen, dass das

kein Freundschaftsspiel ist.

❧

Es gibt Mundwerker,

die verstehen ihr Handwerk

blendend.

❧

Lange Gespräche

mit manchen Leuten

beinhalten sehr viel

Stoff zum Vergessen.

Die ärgsten Entgleisungen

passieren

auf der schiefen Bahn.

❧

Sternstunden haben

ihre eigene Zeitrechnung.

❧

Eine Auszeit ist

zeitweise sehr wichtig,

weil man sich dann

Zeit nehmen kann für vieles,

für das man sonst keine Zeit hat.

❧

Was uns einleuchtet,

erscheint uns

durchschaubar.

Manche Leute müssen

sehr laut reden,

weil sie nicht

die leiseste Ahnung haben,

worum es eigentlich geht.

❧

Schöne Worte

können vielsagend sein,

aber auch vielverschweigend.

❧

Das Trennende verbindet uns

viel stärker, als wir glauben.

❧

Einzeln hinterlassen

wir Spuren,

gemeinsam einen Weg.

ERNST FERSTL APHORISMENBÄNDE:

1998: **"Heutzutage"**, Freya-V. // 2006, Edition Nove

2000: **"Zwischenrufe"**, BOD // 2004, Geest V.

2002: **"Lebensspuren"**, Geest-V. // 2007, Asaro V.

2004: **"Durchblicke"**, Freya-V.

2005: **"Wegweiser"**, Asaro-V.

2006: **"Bemerkenswert"**, Asaro-V.

2007: **"Denkwürdig"**, Asaro-V.

2009: **"Gedankenwege"**, Brockmeyer V.

2011: **"Eindrücke"**, Brockmeyer V.

2012: **"Zusätze"**, Brockmeyer V.

2013: **"Zugespitzt"**, Brockmeyer V.

2014: **"Ausgedrückte Eindrücke"**, BOD

2015: **"Punktgenau"**, BOD

2017: **"Wenn ein Wort sitzt,
kann man es stehen lassen"**, Bellaprint Verlag

2018: **"Andenken"**, BOD

2018: **"Denkwege"**, BOD

ERNST FERSTL

Geb. 1955 in Neunkirchen (Niederösterreich),

lebt mit seiner Familie in Zöbern/Bucklige Welt,

Lehrer an der HS und NMS in Krumbach,

seit 2017 in Pension.

Schreibt Aphorismen, Gedichte und Kurztexte.

HP: www.gedanken.at

E-Mail: ernstferstl@aon.at

Bekannteste Sprüche:

Zeit, die wir uns nehmen,

ist Zeit, die uns etwas gibt.

Gerade weil wir alle in einem Boot sitzen,

sollten wir froh darüber sein,

dass nicht alle auf unserer Seite stehen.

Die mit Abstand beste Nerven-Heil-Anstalt

ist die freie Natur.